Hans-Jürgen Borchardt

Warum Marketing Krieg ist und wie Sie sich verteidigen können

Zurück zu den Grundregeln des Marketings

GRIN Verlag

Bibliografische Information der Deutschen Nationalbibliothek:

Die Deutsche Bibliothek verzeichnet diese Publikation in der Deutschen National-
bibliografie; detaillierte bibliografische Daten sind im Internet über http://dnb.d-
nb.de/ abrufbar.

Impressum:

Copyright © 2013 GRIN Verlag GmbH
Druck und Bindung: Books on Demand GmbH, Norderstedt Germany
ISBN: 978-3-656-46704-5

Dieses Buch bei GRIN:

http://www.grin.com/de/e-book/213474/warum-marketing-krieg-ist-und-wie-sie-
sich-verteidigen-koennen

GRIN - Your knowledge has value

Der GRIN Verlag publiziert seit 1998 wissenschaftliche Arbeiten von Studenten, Hochschullehrern und anderen Akademikern als eBook und gedrucktes Buch. Die Verlagswebsite www.grin.com ist die ideale Plattform zur Veröffentlichung von Hausarbeiten, Abschlussarbeiten, wissenschaftlichen Aufsätzen, Dissertationen und Fachbüchern.

Besuchen Sie uns im Internet:

http://www.grin.com/

http://www.facebook.com/grincom

http://www.twitter.com/grin_com

Warum Marketing Krieg ist und wie Sie sich verteidigen können

Offiziell ist Marketing eine Unternehmensphilosophie, die die Wünsche und Erwartungen der Kunden in den Mittelpunkt des Handelns stellt. Die optimale Befriedigung der Kundenwünsche hat zum Ziel, Kunden zu gewinnen und zu binden. Diese Zielsetzung muss jedes Unternehmen konsequent verfolgen, wenn es den Wettbewerb erfolgreich bestehen will.

Der Zwang zur permanenten Anpassung an die Wünsche der Kunden ist uralt und nicht neu. Allerdings wird dabei oft übersehen, dass dieser Anpassungsprozess fast ausschließlich auf der qualitativen Ebene und weniger auf der quantitativen Ebene geführt wird. Letztendlich ist immer entscheidend, wie viele (Primär-)Wünsche erfüllt werden. Die Qualität der erfüllten Wünsche – und der damit verbundene Nutzen für den Kunden- sind entscheidend.

Im Zeitalter des Crowdsourcing, der offenen Kommunikation und der uneingeschränkten Konsum-Wahlfreiheit haben die Kunden sich ein Mitspracherecht erkämpft. Sie bestimmen mehr und mehr, was die Unternehmen bieten müssen, unabhängig von der Größe, den Produkten oder den Dienstleistungen. Dieser Entwicklung kann sich niemand entziehen.

Dieser ebenso alte wie neue Wettbewerb um die Kunden ist nicht olympisch sondern mörderisch, weil die Letzten nicht nur verlieren, sondern eliminiert werden. Die Verlierer gehen in die Insolvenz. Mitleid kennen weder die Wettbewerber noch die Kunden. Damit wird deutlich, dass Marketing nicht nur über Erfolg und Misserfolg, sondern auch über das Überleben entscheidet.

Die Lösung ist relativ einfach und bereits mehrfach von mir beschrieben: „Fragen, auswerten, handeln." Diese Erkenntnis hat sich bei vielen Großunternehmen erfolgreich durchgesetzt. Sie befragen ihre Kunden nach ihren Wünschen und Erwartungen direkt oder indirekt und versuchen die Vorstellungen ihrer Zielgruppen so weit wie möglich zu erfüllen. Und dort, wo es möglich ist, lassen die Pioniere die Kunden die Produkte bereits selbst gestalten.

Mittel- aber insbesondere Kleinbetriebe stehen dieser Partnerschaft mit den Kunden ablehnend gegenüber. Ihnen fällt es schwer, den Kunden als (besser wissenden) Beratungspartner zu akzeptieren. Sie sehen in den Fragen zu den möglichen Optimierungen der eigenen Angebote das Eingeständnis unternehmerischer Inkompetenz und nicht die Chance, die eigene Leistungsfähigkeit zu steigern. Unternehmen, die sich dieser Erkenntnis verweigern und alles in Eigenregie lösen wollen, werden auf Dauer nicht überleben.

Strategie, Taktik, operative Maßnahmen
Im Krieg wie im Marketing werden die Begriffe Strategie, Taktik und operative Maßnahmen identisch eingesetzt. Im Krieg und im Marketing heißt

- Strategie, vernetzte Planung der Maßnahmen, die zur Erreichung des Zieles notwendig sind.
- Taktik bedeutet die Planung der richtigen Mittel zum richtigen Zeitpunkt.
- Die operativen Maßnahmen sind die Handlungen, die die strategischen und taktischen Planungen in konkrete Aktivitäten umsetzen.

In der Unternehmensrealität heißt das: Am Anfang muss immer ein konkretes Ziel stehen. Ist dieses nicht vorhanden, gibt es keine zielorientierten Handlungen und Verhaltensweisen. Es können keine Synergien entstehen, sondern jeder arbeitet und verhält sich so, wie er es für richtig hält. Im übertragenen Sinne kann man auch sagen, dass viele Köche den Brei verderben.

Beispiel Unternehmen A
Dieses Unternehmen hat kein Ziel formuliert. Die Werbung ist ohne Konzept. In den gängigen Werbemitteln wird beschrieben, was man macht und ab und zu wird mal ein Sonderangebot vorgestellt. Das Ergebnis ist, dass das Image des Unternehmens unterer Durchschnitt ist, denn es unterscheidet sich von seinen Wettbewerbern nur durch den Namen.

Die Mitarbeiter können keine Identität und kein „Wir-Gefühl" entwickeln, weil ihnen kein konkretes Ziel vorgegeben wird. Entsprechend distanziert sind ihre Beziehungen zum Unternehmen, d. h. sie setzen sich nicht für das Unternehmen ein. Da es auch keine Verhaltensregeln gibt, verhält sich jeder Mitarbeiter nach Lust und Laune gegenüber den Kunden. In der Praxis sieht das dann etwa so aus:

Die Werbung ist austauschbar. Die Schlagzeile lautet „Alfred Egal – Ihr Partner für ...". Möglichen Interessenten wird kein konkreter Grund für eine Kontaktaufnahme geboten.

Vorgaben und Regeln für den Erstkontakt mit Interessenten gibt es nicht. Der Anrufer wird nicht befragt, sondern erhält die Antwort: „Da kann ich nichts zu sagen, das macht nur der Chef. Rufen sie später, am besten heute Abend, noch einmal an."

Die Beratungen scheitern oft, weil der Inhaber dem Interessenten zu verstehen gibt, dass er keine Ahnung hat. Statt die Vor- und Nachteile der verschiedenen Lösungen verständlich zu erklären und anschließend die gemeinsame Lösung zu suchen, die für den Kunden optimal ist, wird der eigene Standpunkt stur vertreten. (Das habe ich bei meinem eigenen Hausbau x-mal selbst erlebt. 2x habe ich auf Grund von derartigen Beratungen die Firma gewechselt.)

Die Angebote sind kurz und bündig und bestehen aus Standformulierungen. Auf evtle. Nachfragen wird unwillig reagiert. „Man habe ja nicht ewig Zeit, um alles im Detail zu klären."

Die Arbeiten werden ordentlich ausgeführt, aber der Kontakt zu den Kunden ist im Allgemeinen nicht besonders freundlich. Und wenn ein Mitarbeiter morgens „mit dem linken Bein aufgestanden ist", bekommt das der Kunde auch schon mal zu spüren. Bei Nachfragen zu den Arbeiten wird nach Möglichkeit keine eigene Auskunft gegeben, sondern auf den Chef verwiesen. Die Bereitschaft zur sofortigen Lösung einer Aufgabe oder eines Problems ist nicht vorhanden, weil keine Eigenverantwortung übernommen wird. Eine Endabnahme erfolgt nicht. Ist die Arbeit abgeschlossen, wird der Kunde kurz mündlich informiert und die Baustelle bzw. der Arbeitsplatz verlassen.

Die Rechnung enthält kein Wort des Dankes oder die Bitte um Weiterempfehlung und ausstehende Beträge werden sofort gemahnt und nicht erinnert.

Beispiel Unternehmen B
Unternehmen B hat wie Betrieb A nichts Besonderes zu bieten, aber der Inhaber erkannte frühzeitig, dass sein Erfolg wesentlich größer sein würde, wenn alle Beteiligten gemeinsam an einem Strick ziehen, d. h. ein Ziel verfolgen. Da er sich durch seine fachlichen Leistungen nicht unterscheiden konnte, beschloss er, sich über den Service zu profilieren.

Dieses Ziel formulierte er so: „Unser Service soll so gut sein, dass die Kunden uns mit Begeisterung empfehlen. Die Qualität unserer Arbeit und die der Empfehlungen soll so gut sein, dass wir nicht über den Preis verkaufen müssen."

Aus diesem Ziel leitete er folgende Strategie ab: „Jeder direkte oder indirekte Kontakt (Werbung) ist so zu gestalten, dass der Kunde erkennt, dass wir alles tun, um seine Wünsche und Vorstellungen in der Zusammenarbeit mit uns 110%ig zu erfüllen."

Mit dieser Zielvorgabe haben die Mitarbeiter eindeutige (verpflichtende) Vorgaben sowohl für die Arbeitsergebnisse als auch für ihr Verhalten gegenüber Interessenten und Kunden. Da sie diese Zielvorgabe als richtig anerkennen, können sie sich mit dem Unternehmen und den Leistungen identifizieren und auch offensiv vertreten.

Die taktischen Maßnahmen bespricht er mit seinen Mitarbeitern, damit diese die Vorgaben für ihr Verhalten gegenüber den Kunden mitbestimmen können. Im Einzelnen:

1. Erstkontakt
   Der Erstkontakt zum Unternehmen erfolgt entweder medial über Werbemittel (Internet, Firmenfahrzeug, Anzeige etc.) oder durch persönliche Kontaktaufnahme. In der Werbung wird der Interessent/Kunde via Schlagzeile über die Zielvorstellung des Unternehmens wie folgt informiert: „Wir garantieren, dass Sie mit uns zufrieden sein werden. Alfred Mustermann."

   Die persönliche Kontaktaufnahme wird weiterführend so gestaltet, dass der Kunde sofort erkennt, dass die Unternehmensaussage auch konkret umgesetzt wird. Daher wird, wenn der Kunde im Gespräch den Grund seiner Kontaktaufnahme formuliert hat, sofort nach seinen Vorstellungen und Wünschen gefragt, die er mit unserer Antwort verbindet. Sinnvoll ist es, die dazu notwendigen Fragen verbindlich vor zu formulieren, damit immer der gleiche, positive Ablauf garantiert ist.

2. Die Beratungsphase
   Wenn der Kunde eine Beratung wünscht, steht am Anfang immer die genaue Ermittlung der Wünsche und Vorstellungen, die er mit der Realisierung seines Auftrages verbindet. Gleichzeitig wird erfragt, ob Alternativvorschläge und ergänzende Arbeiten erwünscht sind.

3. Das Angebot
   Das Angebot ist ausführlich und detailliert. Am Ende steht immer, dass alles getan wird, damit er 110%ig zufrieden ist.

4. Die Arbeit
   Vor Arbeitsbeginn erhält der Kunde eine kurze Information, wann begonnen wird, wer die Arbeit ausführt und wann die Arbeit etwa fertig ist, wenn alles planmäßig verläuft. Die Arbeit selbst wird so perfekt wie möglich ausgeführt. Mögliche Belästigungen, Behinderungen oder Schmutz-und Lärmbelästigungen werden so gering wie möglich gehalten. Am Ende wird der Auftraggeber immer zur Endabnahme eingeladen. Dabei wird gefragt ob er voll und ganz zufrieden ist und ob noch irgendetwas zu seiner Zufriedenheit getan werden kann.

5. Die Rechnung

Die Rechnung ist detailliert, sodass der Empfänger diese leicht kontrollieren kann.

Ergänzend enthält sie einen Hinweis, dass bei evtl. Beanstandungen oder Änderungswünschen der Betrieb selbstverständlich sofort zu Ergänzungen bereit ist. Ferner wird in der Rechnung ein Dank für das Vertrauen ausgesprochen. Zusätzlich enthält die Rechnung noch die Bitte um Weiterempfehlung mit der Ankündigung eine „Belohnung".

Fazit

Strategie, Taktik, operative Maßnahmen sind keine professoralen Beschreibungen, sondern in der Praxis klare und einfache Begriffe für eine systematische und methodische Vorgehensweise zur Steigerung der eigenen Wettbewerbsfähigkeit. Wer sich dieser Erkenntnis verweigert, wird spätestens in Krisenzeiten erkennen, dass er zu den ersten Verlierern gehört.

Hans-Jürgen Borchardt